Fingerstempeln

mit Pia Pedevilla

SCHNAPP

SCHNAPP

Inhalt

Vorwort

Fingerstempeln ist kinderleicht! Alles, was du brauchst, ist etwas Farbe, Bunt- und Filzstifte sowie deine Finger. Ob mit Daumen, Zeigefinger, oder kleinem Finger – jeder Abdruck ist einzigartig, vielseitig einsetzbar und bestens dafür geeignet, um kreativ zu werden.

Bevor du mit dem Stempeln anfängst, solltest du dir zuerst die Grundanleitung durchlesen.

Dort erkläre ich dir, welchen Finger du am besten wofür einsetzt und du bekommst hilfreiche Tipps, die dir das Arbeiten erleichtern.

Für alle, die nicht nur gerne stempeln, sondern auch das Basteln lieben, gibt es neben den vielen lustigen Fingerdruck-Figuren außerdem noch jede Menge tolle Bastelprojekte zu entdecken.

Bleistift

Fineliner

Schaschlikstäbchen

Lackmalstift
in Dünn und Dick

Pinsel

Acrylfarben

Das brauchst du

Zum Fingerstempeln braucht es gar nicht viel!
Lege dir die Materialien am besten immer erst zurecht,
bevor du loslegst. So kannst du ungestört arbeiten.

Schere

Spitzer

Radiergummi

Makeup-
Schwämmchen

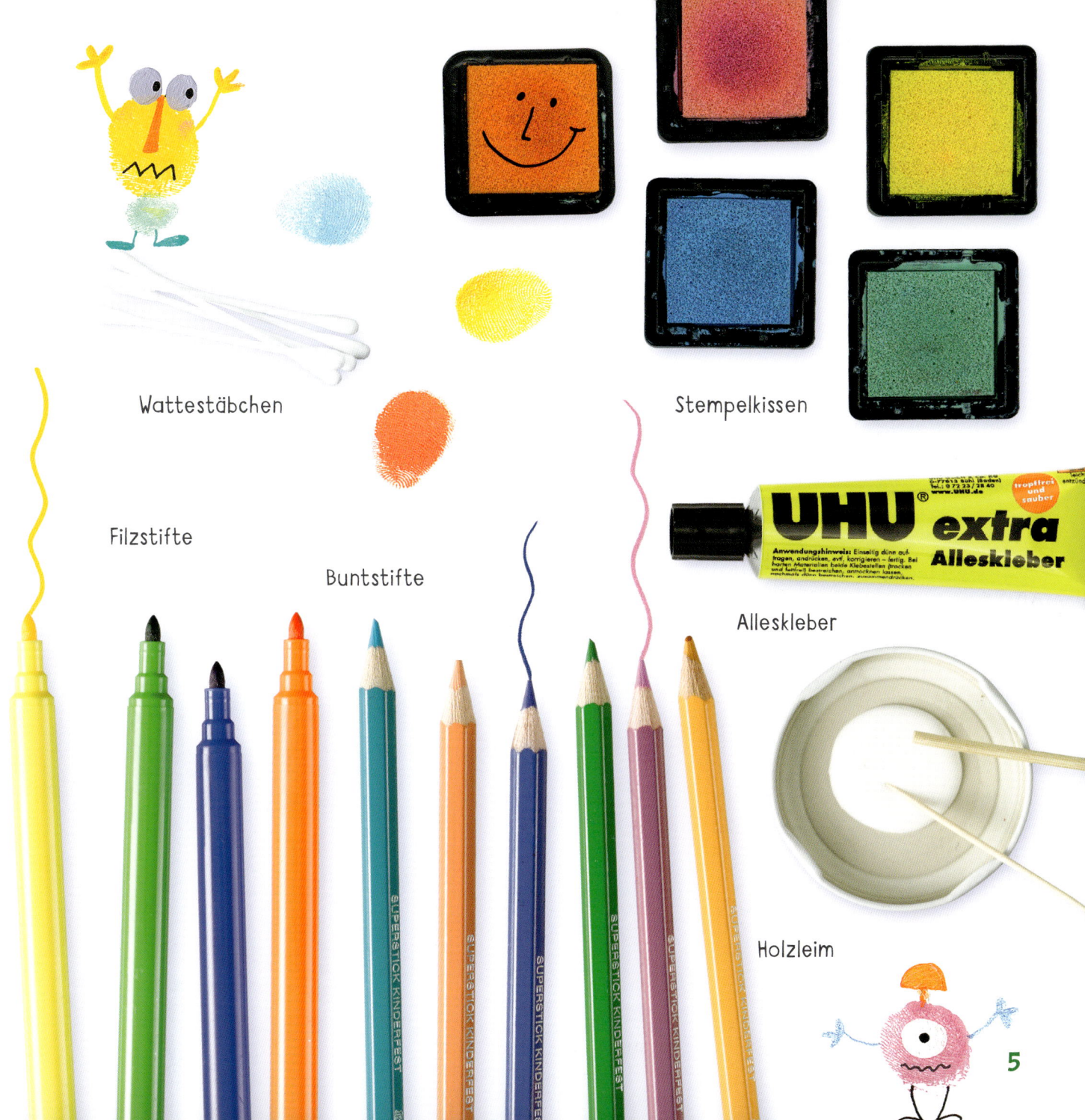

Wattestäbchen

Stempelkissen

Filzstifte

Buntstifte

Alleskleber

Holzleim

5

Fünf Finger, fünf verschiedene Abdrücke

Hände sind ein großartiges „Werkzeug", denn mit jedem deiner Finger kannst du ganz unterschiedliche Abdrücke stempeln. Wenn du dir deine Hand einmal genau anschaust, wirst du sehen, dass jeder Finger unterschiedlich groß ist. Welchen Finger du am besten für welche Form benutzt, zeige ich dir hier.

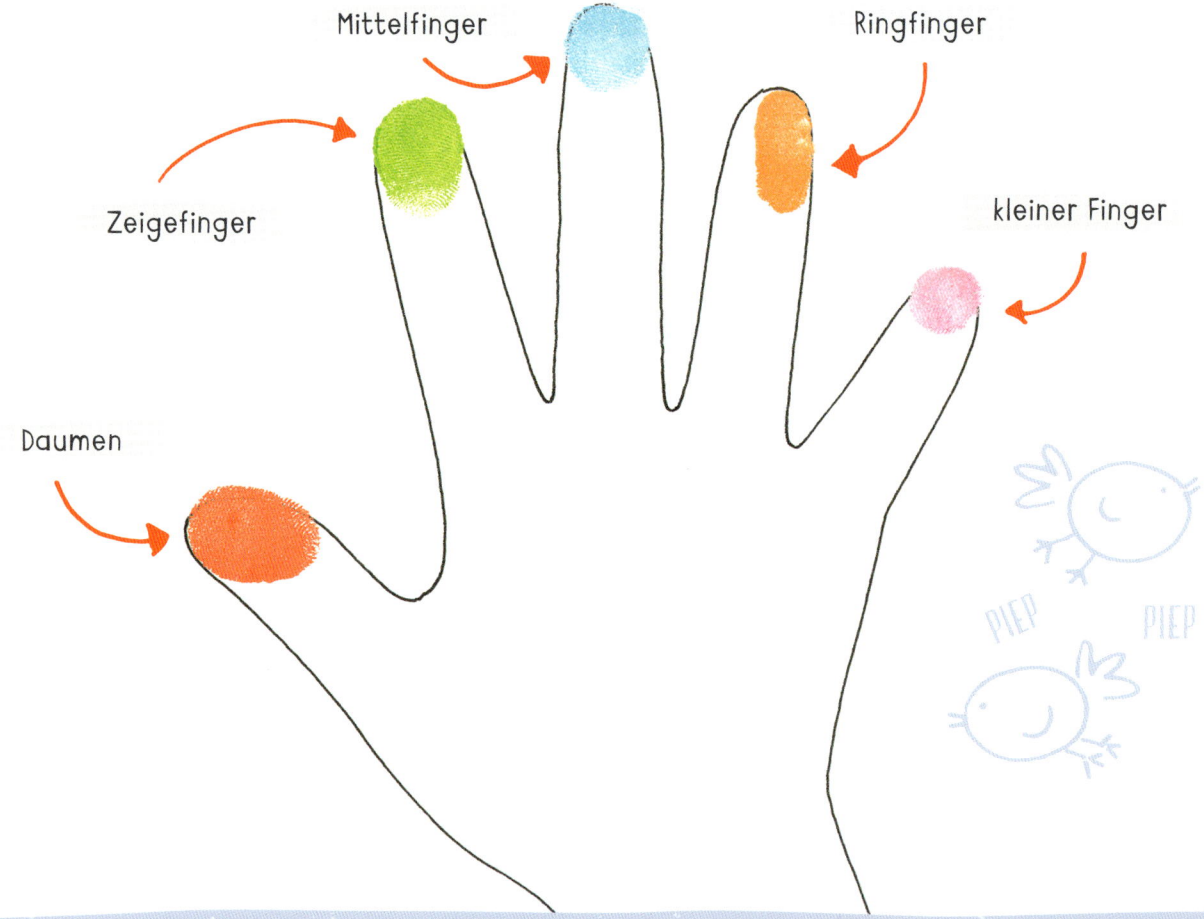

Mittelfinger

Ringfinger

Zeigefinger

kleiner Finger

Daumen

 Mit dem Daumen stempelst du schöne große Ovale.

 Mit dem Zeigefinger gelingen dir senkrecht stehende Abdrücke für längliche Figuren am einfachsten.

 Für kleinere, schöne runde Abdrücke stempelst du mit der Spitze des Mittelfingers.

 Ein schmaler, langer Abdruck gelingt dir am besten, wenn du mit der Seite deines Ringfingers stempelst.

 Mithilfe der Spitze deines kleinen Fingers entstehen ganz kleine, runde Abdrücke.

Bevor du loslegst ...

Decke deinen Arbeitsplatz vor dem Stempeln immer mit etwas Zeitungspapier ab und ziehe ein altes T-Shirt an. So kannst du frei werkeln und es ist nicht weiter schlimm, wenn mal etwas Farbe daneben geht.

Farbe gehört aufs Papier und nicht in den Mund. Stecke deine Finger deshalb auf keinen Fall in den Mund! Säubere deine Finger mit jedem Farbwechsel – ein Feuchtigkeitstuch eignet sich dafür hervorragend. So sorgst du dafür, dass sich die Farben nicht vermischen und deine Abdrücke schön leuchten.

Mach ein paar Probedrucke, bevor du so richtig losstempelst!

Stempeln und verzieren

Zum Stempeln kannst du entweder herkömmliche Stempelkissen benutzen oder Bastel- oder Acrylfarbe verwenden.

Um einen richtig schönen Fingerabdruck zu stempeln, nimmst du am besten nicht zu viel Farbe, sonst bekommst du einen Klecks statt eines schönen Abdrucks. Den Finger beim Stempeln möglichst ruhig halten und vorsichtig nach oben hin lösen. Wenn du einen großen Abdruck machen möchtest, wackelst du mit dem Finger etwas hin und her. Sobald die Farbe trocken ist, kannst du mit dem Verzieren beginnen.

Um kleine Details, wie etwa die Ohren der Maus aufzutupfen, verwendest du ein Wattestäbchen.

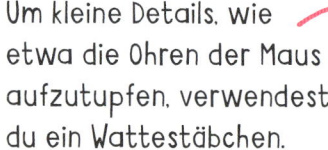

Wenn du dein eigenes Stempelkissen basteln möchtest, gib etwas Farbe auf ein Makeup-Schwämmchen und tauche den Finger in die Farbe. Säubere den Schwamm jedes Mal, wenn du die Farbe wechselst.

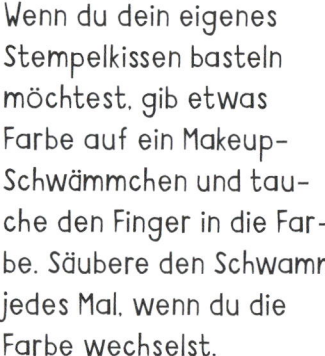

Kleine Akzente setzt du ganz einfach mit einem Lackmalstift.

Mit Bunt- und Filzstiften oder einem schwarzen Fineliner kannst du deine Abdrücke schön verzieren.

Male mit einem rosafarbenen Buntstift auf einem Stück Schleifpapier. Dabei entstehen feine Farbbrösel, die du auf einem kleinen Stück Papier sammelst. Die Farbe mit einem Wattestäbchen aufnehmen und für die Wangen vorsichtig auftupfen.

Wenn du einen halben Abdruck stempeln möchtest, legst du einen Papierstreifen auf dein Blatt und stempelst nur zur Hälfte darauf.

Punkte tupfst du vorsichtig mit einem Schaschlikstäbchen auf.

9

1   2   3   4

Sonne

Vogel

PIEP, PIEP

Frosch

Erdbeere

Luftballon

Drücke deinen Finger in die Farbe und stemple einen Abdruck auf das Papier. Lass die Farbe gut trocknen. Dann zeichnest du mit Bunt- oder Filzstiften Details, wie Arme, Nase oder Augen, in und um deinen Abdruck.

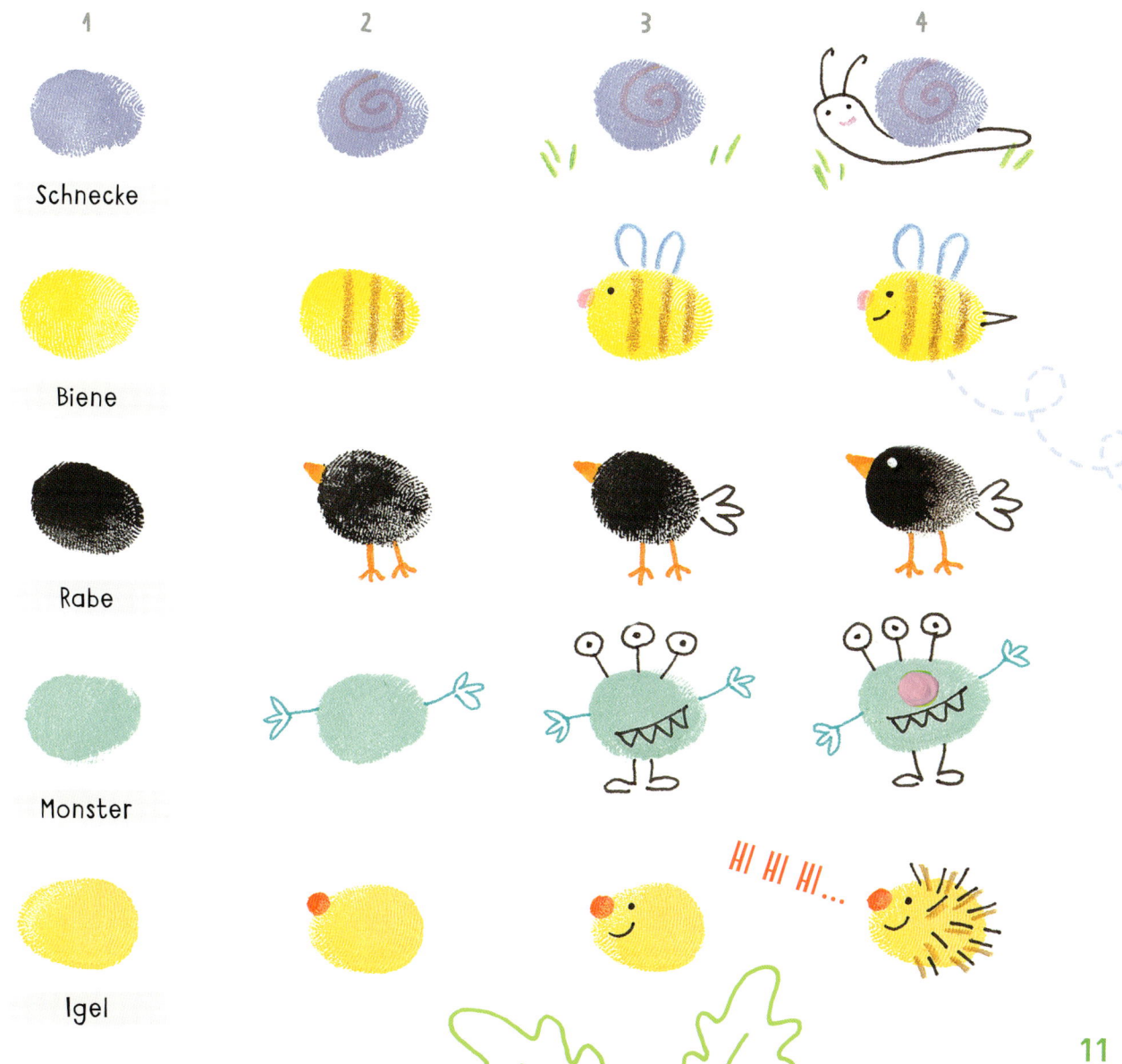

1   2   3   4

Schnecke

Biene

Rabe

Monster

Igel

1   2   3   4

Apfel

Kirschen

Eule

Bär

Pfau

Größere, ovale Formen stempelst du immer mit dem Daumen oder dem Zeigefinger. Für schöne runde Formen nimmst du am besten die Fingerspitze von deinem Zeigefinger. Wenn du ganz kleine Abdrücke (wie zum Beispiel die Lichter beim Auto) stempeln möchtest, benutzt du die Spitze deines kleinen Fingers.

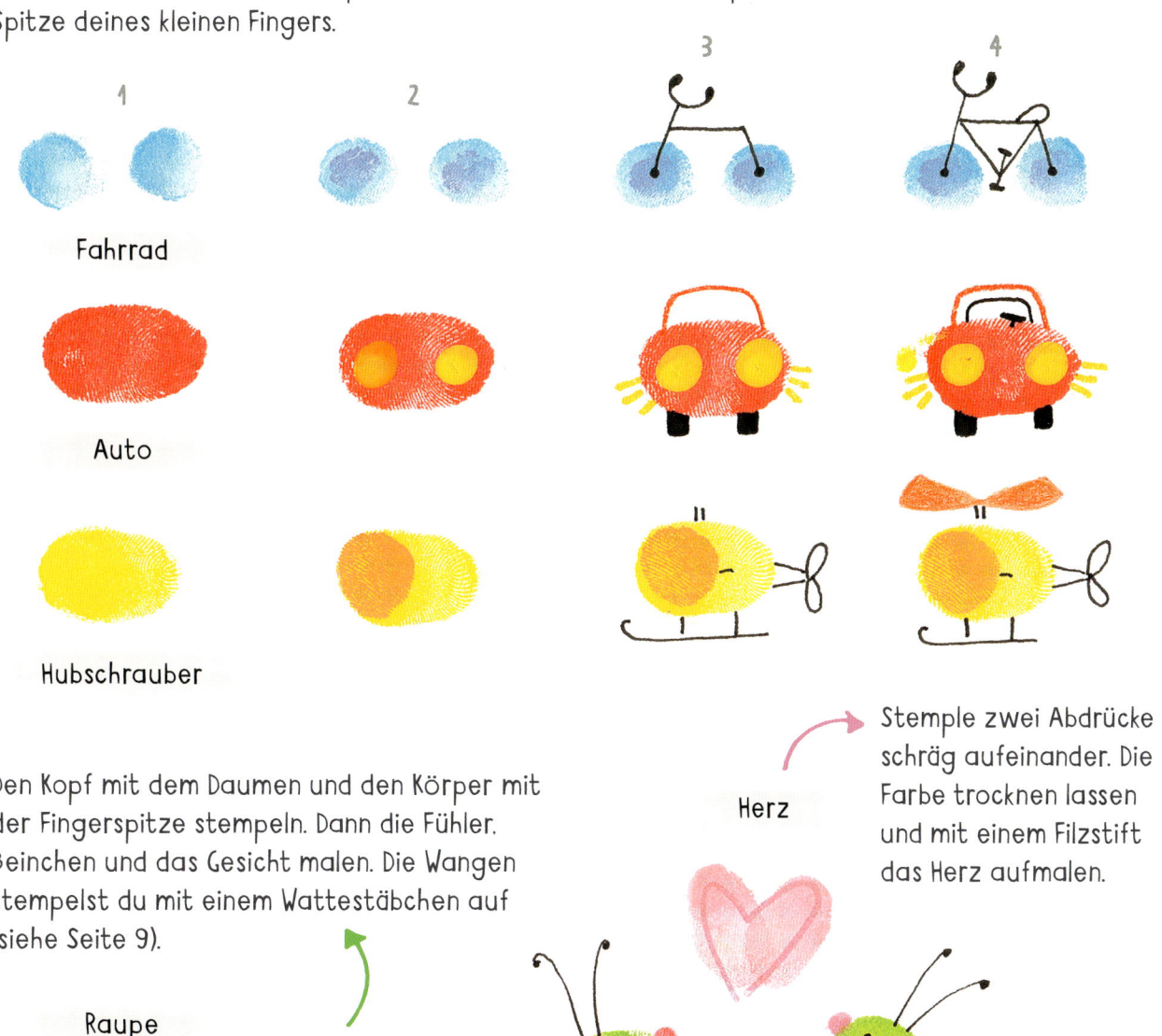

1   2   3   4

Fahrrad

Auto

Hubschrauber

Den Kopf mit dem Daumen und den Körper mit der Fingerspitze stempeln. Dann die Fühler, Beinchen und das Gesicht malen. Die Wangen stempelst du mit einem Wattestäbchen auf (siehe Seite 9).

Raupe

Herz

Stemple zwei Abdrücke schräg aufeinander. Die Farbe trocknen lassen und mit einem Filzstift das Herz aufmalen.

Wusstest du, dass man mit nur wenigen Strichen ganz viele unterschiedliche Gesichtsausdrücke zeichnen kann?

Schau dir die Beispiele unten genau an! Sicher fallen dir noch weitere ein!

verschmitzt

frech

gleichgültig

cool

ängstlich

zornig

erstaunt

geheimnisvoll

erschrocken

K. O.

unglücklich

fröhlich

gemein

verliebt

müde

traurig

Für die Bäckchen malst du mit Buntstift auf etwas Schleifpapier und tupfst die enstandenen Farbbrösel mit einem Wattestäbchen auf.

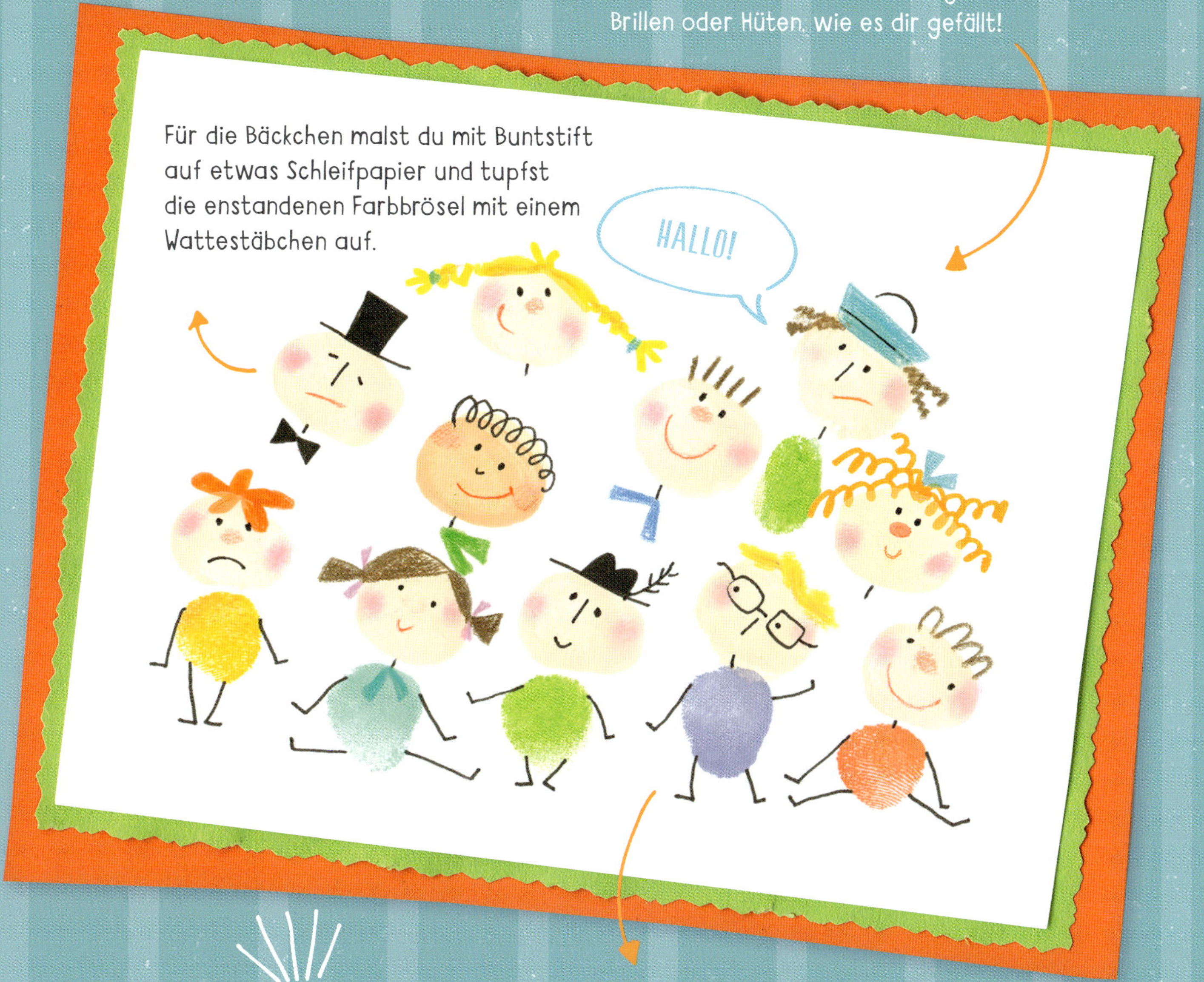

HALLO!

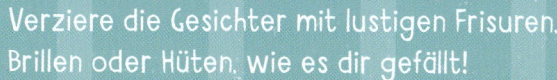

Den Körper stempelst du ganz einfach mit dem Zeigefinger und das Gesicht mit dem Daumen auf.

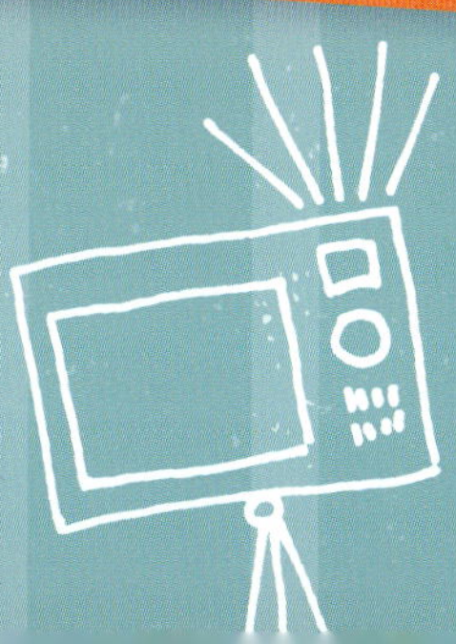

Bunte Eierjagd

Die Hasenohren und das Schwänzchen stempelst du mit einem Wattestäbchen auf.

1   2   3   4

Hase

Küken

Huhn

Ostereier

16

Koche die Eier ab und lass sie auskühlen. Dann stempelst du dein Lieblingsmotiv auf. Damit deine Abdrücke gut sichtbar sind und sich schön abheben, nimmst du bei braunen Eiern am besten helle Farben. Die Farbe gut trocknen lassen und die Figuren mit Filzstiften verzieren.

Wie wäre es noch mit einem kleinen Ostergruß an Oma und Opa? Schneide ein Stück Tonkarton zurecht und los geht's!

Frohe Ostern!

Zum Muttertag

1   2   3   4

Margarite

Rose

Fantasieblume

Schmetterling

Ich hab dich lieb !

Schneide aus Foto-
karton ein Rechteck
aus und stemple ein
paar Blumen auf.

Für Mama

Klebe das Papier auf einen zweiten
farbigen Karton, schneide mit etwas
Abstand rundherum – und fertig ist
deine selbst gestaltete Karte zum
Muttertag!

Tief im Dschungel

1   2   3   4

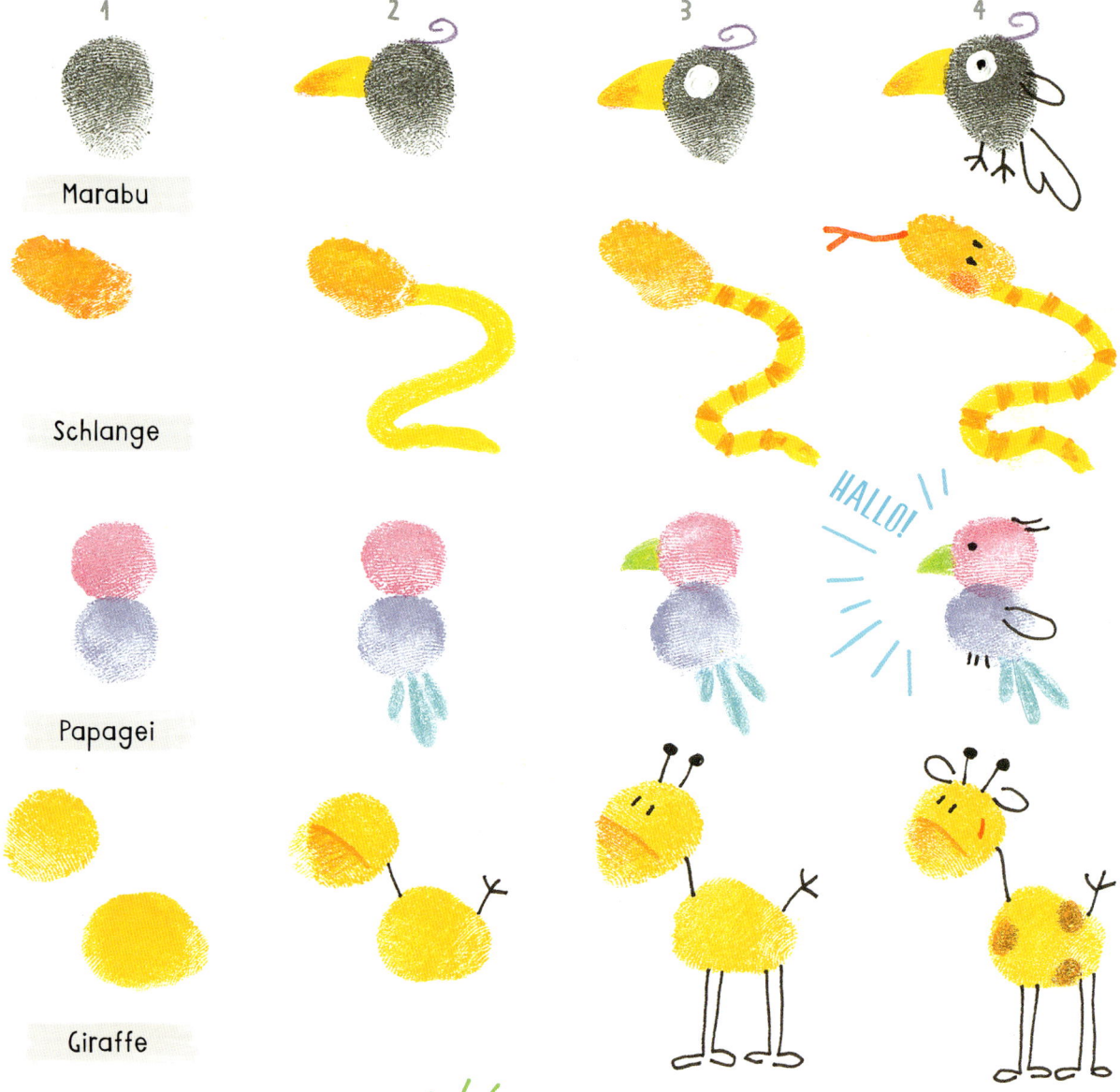

Marabu

Schlange

Papagei

HALLO!

Giraffe

1 2 3 4

Affe

Löwe

MIAU

Tiger

Flamingo

ZZZISCH ...

Für den Kopf des Krokodils
stempelst du zwei halbe
Daumenabdrücke aneinander,
sodass ein geöffnetes Maul
entsteht.

Für den Körper stempelst du
nacheinander mehrere Kreise.
Zum Schwanzende hin wirst du
dabei immer kleiner.

JIPPIIIIEEH!!!

BEI DEM PIEPT'S WOHL?

Das ist ja ein ganz schön wilder Haufen! Male ein Bild von deinen Lieblingstieren und erschaffe deinen ganz eigenen Dschungelalltag. Vielleicht fallen dir sogar noch andere Tiere ein?

GLUCK, GLUCK, GLUCK...

ROARRR!

Unter dem Meer

1	2	3	4

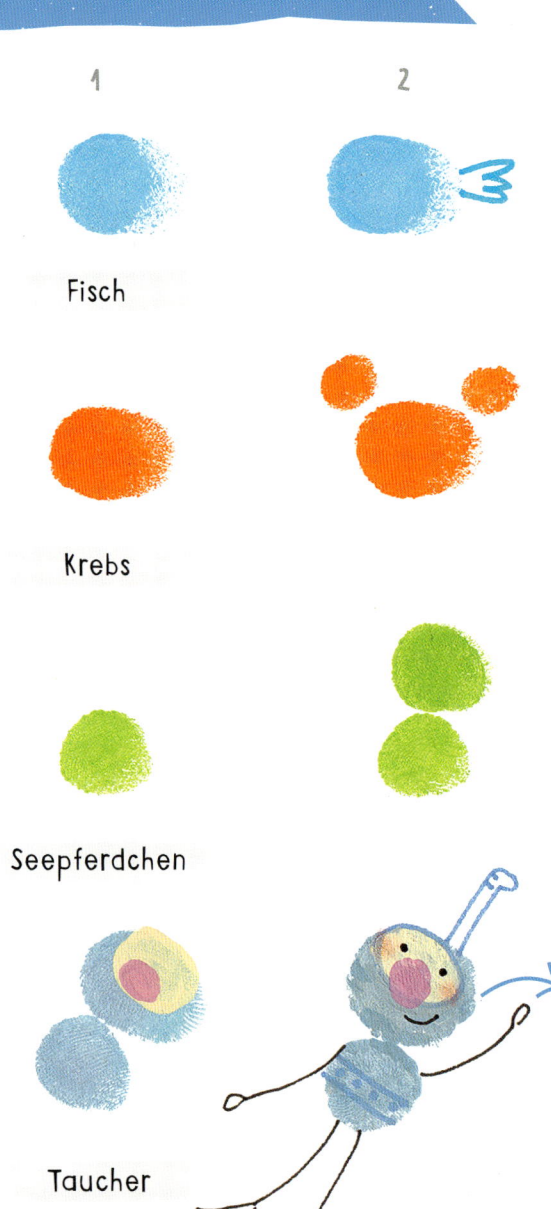

Fisch

Krebs

Seepferdchen

Taucher

Den Kopf mit dem Daumen und den Körper mit der Zeigefingerspitze stempeln. Die Farbe gut trocknen lassen und mit der Fingerseite das Gesicht ergänzen. Die Nase stempelst du mit einem Wattestäbchen. Zum Schluss verzierst du den Taucher noch mit Filzstiften.

BLUBB

SCHMATZ!

Wenn du möchtest, kannst du dein Bild
noch mit etwas Sand oder Muscheln
verzieren. Trage einfach etwas Holzleim
auf und streue den Sand darüber.

SCHNIPP
SCHNAPP

Anstatt Punkten kannst du dem Fisch auch
ein Streifenmuster aufmalen. Verwende
dafür einen Glitzerstift,
dann funkelt er schön.

25

1 2 3 4

Schwein

OINK, OINK...

Maus

Katze

Hund

1 2 3 4

Karotte

Kuh

MÄÄÄH!

Schaf

Pferd

FRISCHE MILCH!
FRISCHE MILCH
ZU VERKAUFEN!

Auf dem Bauernhof herrscht immer geschäftiges Treiben. Welche Tiere leben auf deinem Bauernhof? Was tun sie den ganzen Tag? Und gibt es dort auch so schöne große Karotten?

Diese Tiere kannst du mit jedem beliebigen Finger stempeln.
Für den Körper des Eichhörnchens benutzt du die Fingerseite.

1

2

3

4

Eichhörnchen

Eule

Fuchs

Waschbär

Das brauchst du:

* Holzscheiben in ver-
  schiedenen Größen
* Acrylfarbe
* Kordel in Weiß
* dünne Häkelnadel
* Holzperlen und Knöpfe
* Schlüsselringe, ca. ø 2 cm
* feines Schleifpapier

Schleife die
Holzscheiben mit dem
Schleifpapier etwas
glatt. Danach lässt
du dir von einem
Erwachsenen die
Löcher bohren.

Die Tiere mit Acryl-
farbe aufstempeln.
Beachte: Stempel-
farben eignen sich
hier nicht!

Ziehe ein
Stück Kordel durch das Holz
und den Ring und beide
Fadenenden mithilfe der
Häkelnadel durch die Perlen
und Knöpfe. Mache einen Kno-
ten und schneide die Enden ab.

Die Augen der Spinne malst du mit einem Lackmalstift auf.

1   2   3   4

Spinne

Fledermaus

Kürbis

Hexe

Das brauchst du:

* Käseschachtel, ca. ⌀ 11 cm
* Wellpapperest in Violett
* Zackenlitze in Orange
* Transparentpapier, extra stark, 13 cm x 35 cm
* Acrylfarben
* Filzstifte, wasserfest
* Prickelnadel
* Holzperlen
* Tragebügel aus Draht

BUUUH!

Die Ränder der Käseschachtelteile mit Wellpappestreifen und der Zackenlitze umkleben.

Bestemple das Papier und klebe es zwischen Deckel und Boden.

Mit der Prickelnadel oben seitlich zwei Löcher einstechen, die Perlen auffädeln und den Bügel in die Löcher kleben.

Fliegende Monster

Weiße Akzente, wie hier die Zähne, setzt du am besten mit einem Lackmalstift.

1 2 3 4

Naseweis

Dreiauge

Einauge

Kugelkopf

HUUU!!! ...

Stemple die Monster auf die runde Seite der Platine und male die Spatel an. Den Deckel ca. einen Fingerbreit vom Ende entfernt auf den Spatel, diesen auf die Klammer und die Klammer auf ein dickes altes Holzbrett kleben. Die Monster auf das Katapult legen, den Spatel herunterdrücken – und losschießen.

35

Christbaum

Rentiere

Engel

Kugeln

Weihnachtsmann

Packe zuerst alle deine Päckchen ein, bevor du mit dem Verzieren beginnst. Stemple deine Lieblingsmotive auf die Geschenke und lass die Farbe gut trocknen, bevor du mit dem Aufmalen der Details beginnst.

Zum Schluss die Kordel um das Päckchen legen und eine Schleife binden.

1   2   3   4

Pinguin

Kleiner Schneemann

Schneeflocke

Großer Schneemann

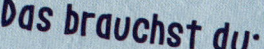

Das brauchst du:

* Weihnachtskugeln aus Plastik in Hellblau
* Acrylfarben
* Filzstifte, wasserfest
* Lackmalstift in Weiß
* Band in Blau-Weiß kariert

Stemple deine Lieblingsmotive auf die Kugeln und lass die Farbe gut trocknen. Dann verzierst du die Figuren mit Acrylfarbe und Filzstift weiter. Für die Schneeflockenspitzen tauchst du das Ende eines Pinsels in Farbe und tupfst kleine Punkte auf.

Auch auf einem Geschenkanhänger sind diese süßen Kerlchen ein Hingucker! Einfach ein kleines Stück Tonkarton in Hellblau bestempeln, Kordel einfädeln – fertig.

Kleine Glücksbringer

1 2 3 4

Glückspilz

Kleeblatt

Schweinchen

Schornsteinfeger

Das brauchst du:

* Pappschachteln in Weiß,
  beliebig groß
* Acryl- oder Stempelfarbe
* Filz- und Buntstifte
* Bänder in Rot und Grün,
  ca. 1–1,5 cm breit
* Kordel in Grün

Suche dir einen
Glücksbringer aus
und stemple ihn
auf die Schachtel-
vorderseite. Je
größer die Schachtel,
desto mehr Glücksbringer kannst du
daraufstempeln. Nach dem Trocknen die Details mit Filz-
und Buntstiften aufmalen.

Dann klebst du die Bänder um die Schachtelenden oder
bindest eine Kordel um das Päckchen.
Vergiss die Geschenke nicht!

Memory-Spiel

Stemple deine Lieblingsmotive aus diesem Buch je zweimal auf deine gebastelten Memory-Kärtchen. Die Farbe gut trocknen lassen und die Figuren verzieren. Dann kannst du deine Geschwister, Freunde und Familie auch schon zu einem Spiel herausfordern.

Die Vorlage und die Anleitung für die Schachtel und die Kärtchen findest du auf Seite 44/45.

Das brauchst du:

* Fotokarton in Weiß für die Karten, 27 cm x 44 cm
* Karton mit Punkten in Türkis, 50 cm x 70 cm
* Acryl- oder Stempelfarben
* Bunt- und Filzstifte

PIEP!

GRRRRR

BUHHH!

Memory

43

Vorlagen

——————— schneiden

- - - - - - - falten

Übertrage die Vorlage für den Deckel und
den Boden der Schachtel auf die Rückseite des gepunkteten Tonkartons. Zeichne
dabei auch die gestrichelten Linien mit ein.
Beide Teile ausschneiden, an den Faltlinien
falten und wieder aufklappen. Anschließend
den Deckel und den Boden zusammenkle-
ben. Zuletzt auf den Schachteldeckel zwei
Memory-Kärtchen kleben und beschriften.

Boden

Die Vorlage für die Memory-Kärtchen je 60 Mal auf den weißen und blau-weiß gepunkteten Karton übertragen und ausschneiden. Dann klebst du die weißen und die gepunkteten Kärtchen zusammen, sodass eine weiße Vorderseite und eine gepunktete Rückseite entstehen. Nun kannst du deine Memory-Paare aufstempeln.

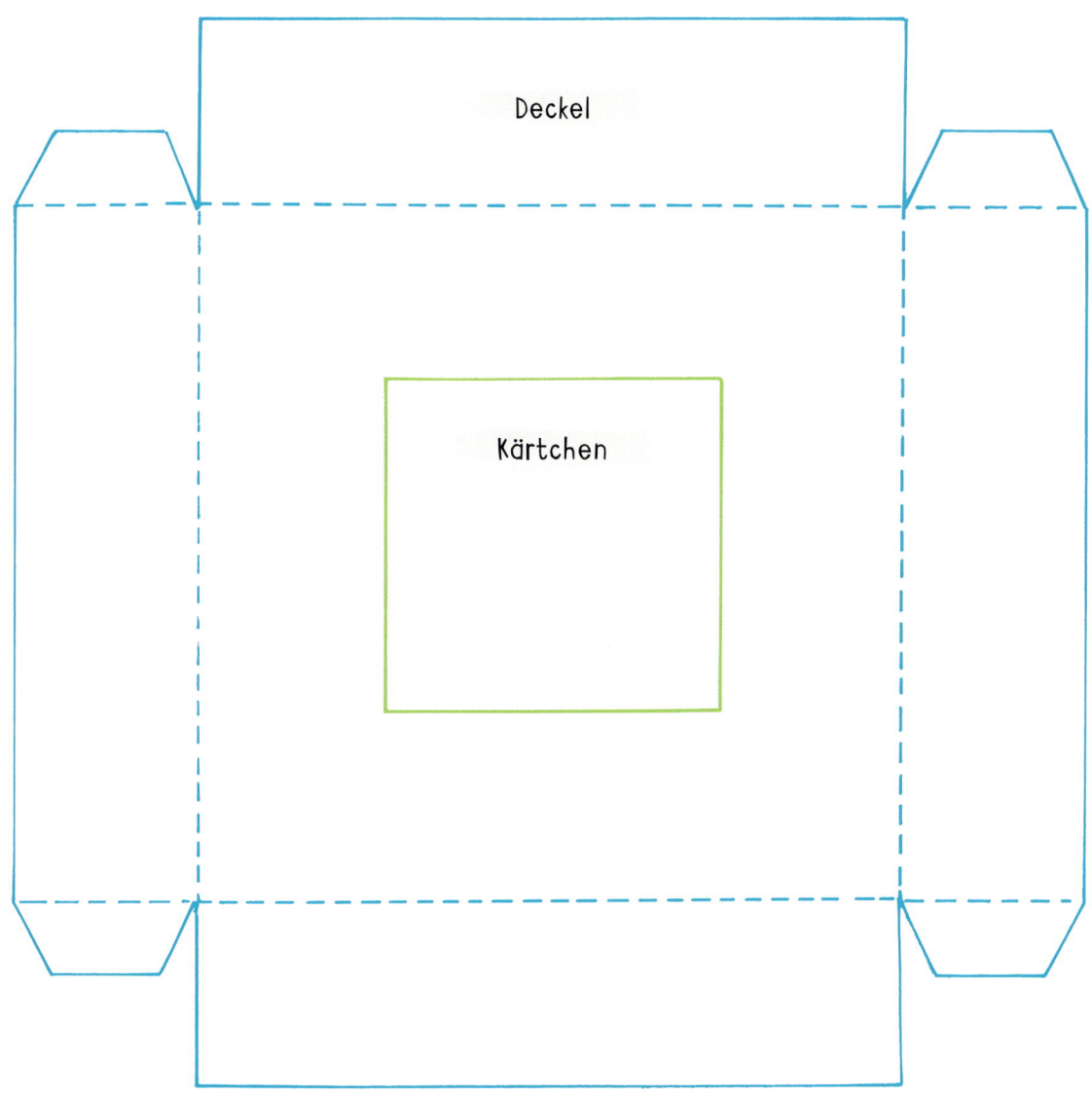

Deckel

Kärtchen

Buchtipps für dich

TOPP 7679
978-3-7724-7679-2

TOPP 7677
978-3-7724-7677-8

TOPP 7678
978-3-7724-7678-5

TOPP 5742
978-3-7724-5742-5

TOPP 5732
978-3-7724-5732-6

TOPP 4160
978-3-7724-4160-8

TOPP 4190
978-3-7724-4190-5

Über Pia Pedevilla

Pia Pedevilla ist im Gadertal aufgewachsen und spricht Ladinisch als Muttersprache. Sie studierte Kunst und Werbegrafik und unterrichtete viele Jahre die Fächer Werken und Kunsterziehung in der Mittelschule. Heute lebt sie in Bruneck (Südtirol/Italien). Dort leitet sie unter anderem Bastelkurse für Kinder und schreibt Bücher für den frechverlag, von denen sie mittlerweile mehr als 100 erfolgreich veröffentlicht hat.

Wenn du mehr über Pia Pedevilla erfahren möchtest, dann schau doch auf ihrer Homepage vorbei (www.piapedevilla.com) oder statte ihr einen Besuch auf Facebook ab (www.facebook.com/PiaPedevillaDesigner).

Danke

Herzlichen Dank an die Firma C. Kreul GmbH (Hallendorf) und Heyda (Heilbronn) für die freundliche Bereitstellung der Materialien.

Impressum

Konzept und Umsetzung: Pia Pedevilla

Fotos: frechverlag GmbH, 70499 Stuttgart: lichtpunkt, Michael Ruder, Stuttgart: SeehauserFoto, Othmar Seehauser, Bozen/Italien (Porträtfoto Seite 47)

Scans: typoplus GmbH, Frangart, Bozen/Italien

Produktmanagement und Lektorat: Anna Burger

Umschlaggestaltung: Nakischa Scheibe

Innengestaltung und Satz: Katrin Lemmer, Kassel

Druck und Bindung: Livonia Print SIA, Lettland

1. Auflage 2017

© 2017 frechverlag GmbH, Turbinenstraße 7, 70499 Stuttgart

ISBN 978-3-7724-7680-8 · Best.-Nr. 7680